ANTOLOGÍA DE LOS TIEMPOS SOMBRÍOS

ANTOLOGÍA DE LOS TIEMPOS SOMBRÍOS

MARÍA ÁNGELES MAESO

7/10

ANTOLOGÍA DE LOS TIEMPOS SOMBRÍOS
Primera edición: abril 2024

© De los poemas: María Ángeles Maeso
© De la fotografía de la autora: Federico Romero Galán
© Del diseño de cubierta y maquetación: Nautilus Ediciones
© De la selección de poetas y coordinación editorial: Samuel Trigueros
   Nautilus Ediciones
   nautilusedicioneshn@gmail.com

ISBN: 978-84-10241-07-7
Depósito Legal: Z 709-2024

Impreso en España, Unión Europea

MARÍA ÁNGELES MAESO
(España)

Licenciada en Filología Hispánica. En diferentes etapas: profesora de Lengua y Literatura de E.S.O., bachillerato y de talleres de creación literaria; coordinadora de programas socioculturales en áreas de marginación social; miembro de equipos editoriales para la elaboración de guías didácticas. Ha colaborado con el Instituto Cervantes, Radio Círculo de Bellas Artes y otros medios como Reseña, Artes hoy, Diagonal.

Poesía: *Sin regreso* (Premio de Poesía Jorge Manrique 1990), *Trazado de la periferia* (1996, 2ª ed. 1919), *El bebedor de los arroyos* (2000), *Vamos, Vemos* (Premio de Poesía León Felipe, Salamanca, 2003, 3ª ed. bilingüe, 2017 castellano-esperanto, 4ª ed. 2022), *Basura mundi* (2008), *¿Quién crees que eres yo?* (2012), *Huy, qué miedo, infantil* (2016), *Puentes de mimbre* (2017), *¿Quién es se?* (2022).

Narrativa: *La voz de la Sirena* (Premio de cuentos "Teresa León" 1986), *Perro* (2004), *Buitre* (2022). En categoría infantil: *Los condes del No y No* (2006), *Fernán y la caracola* (2021) y *Me tristo* (2022).

En los tiempos sombríos, ¿se cantará también?
También se cantará sobre los tiempos sombríos

Bertold Brecht

Frágil. Muy frágil. En abril, el mirlo
rebosante transporta las semillas
del olmo y el nogal hasta las bocas
de sus hijos.
Con lo que a tierra cae
habrá un delirio, un collar pujante
de apretada casualidad subiendo
por el aire.
Pero no son como tallos de alambre
y tela. Hombros deformados son,
agraviados párpados que azulean
imitando un bisbisear de violeta
interrumpida. Boca abajo, adquieren
la textura de un cáliz intratable.
Si te cogen cara a cara,
 son árboles
entreabiertos por cables desganados.
Y pájaros desganados
naciendo a un son de alto voltaje.

UN LILO SALE POR EL TEJADO

Fue el árbol antes que la chabola.
Por eso cabe tanto pregón de flor:
¡Bienaventuranza en la meseta
de la basura!

Son lilos.
Nacen de no se sabe dónde
y suben desde siempre por su mes de abril,
que es suyo a rajatabla.

Ni siquiera se han preguntado si podrán.
Nadie lo hace, si hacia atrás hay ratas
o gatos que cortan el aliento.

Suben y tienen mucho que decir.
Se han roto unos pocos dedos y no importa:
Un árbol roza la catenaria del tendido eléctrico
y no es una plegaria.

Es un lilo dispuesto a todo.
Hace en los charcos
un gran eco su morada sombra.

¡Cómo la oigo!

COMO SI FUERA PÁJARO

El asesino, virtual;
Las balas,
virtuales;
la cabeza,
real
mente
destrozada.

Salustiano Martín

Tú, que te mueres por decir *nosotros*,
prueba con el puñado de esdrújulas
que cada mes se caen con los ojos
empapados de vértigo y cemento.

Esta vez la viga de hierro le ha partido
el alma y todo lo demás
a uno de los nuestros. -Déjalo así.

El que *subió a la construcción como si fuera único*
tenía una edad como la tuya,
igual número de hijos,
tu mismo contrato temporal

y una jornada tan completa como tú
de piedra y máquinas al aire.

Cualquiera muere a contramano interrumpiendo
el sábado. Cualquiera, vislumbrándose de tierra,
dice *nosotros* y queda igualado.

Pero antes, en vivo, ¡qué falso el falso suelo!
Qué postizamente suena ahí mismo:
en las paredes tímidas del vecino,
prójimo devuelto a tembloroso pajarito
de olfatear grisú,
a ranita detectora del génesis,
a mula camicace o simplemente a piedra.

En vivo, probad en alto andamio los plurales
y ved quiénes son
los que una y otra vez tropiezan con el sol
y, estruendosamente, del *nosotros*,
caen.

EL AMOR EN TIEMPOS DEL DESPIDO LIBRE

No se miran ni son animales.
Vienen del río de la vida
y son señor y señora de agua.

Berrean saturados de antiguo testamento.
Se huelen y en la punta del alma
reconocen un sabor
que la naturaleza fabrica en serie.

Se aprietan entre sí como las flores
del efímero mes de mayo,
con la fragilidad de los sábados en guardia.

Se husmean sabiéndose marchitables.
Se horadan con el grito de los gallos
que atraviesa tumbas,
el que llega de memoria
hasta aquí mismo
y me hace cerrar los ojos

Se lamen. No pueden pronunciar
sus nombres. Ni sonreír.
Ni pensar en mañana.
Que es el tuyo o el mío,
pero no el de ambos.

De ellos no salen palabras,
sino agua.

Y esos sonidos
que la naturaleza fabrica en serie.

Todo invierno incuba la palabra halda
en su red de niebla. Pero madre está asustada.
Atardeceres, semanas, soles de vuelta entera
que está asustada.
A Ifigenia le duró apenas unas horas,
pero no a quien le ponen tan alto tabernáculo.

No se trata de zurcir un pantalón
ni de hacer una colada,
no es un trámite cualquiera,
no se hace poniendo la cabeza en otro sitio.
En ningún sitio. En qué hectárea de soledad
hay formas que mantener.
Esto no se atraviesa y a otra cosa. No hay más.
O sí. Tanto que decir.

Como tiras de cortinas muevo sus labios
y me asomo a su mirar. Los tábanos
son una bendición
comparados con sus pensamientos.

(Fui persona y lo recuerdo)

 Una alegría las avispas
al lado de todo lo que puja y puja por salir.
(Fui persona y lo recuerdo. Fui mujer)

Los tábanos. Zumba que te zumba
consiguen hacer un agujero entre los surcos

y algo despunta en briznas,
algo enredado da la cara y silabea.

(Fui persona y lo recuerdo.
Fui mujer y labradora.
Algo de aquello
Que por los ojos de las mulas
aún se ve)

Aunque la encina, aunque la vaca
se pusieran a buscar su corazón
mirando con las ramas el alto cielo,
un crepitar de lengua estofada para otros
lo apagaría de inmediato.

¡Qué drías tú! ¿Ella ha dicho yo?
Clavada en su parcela, ha dicho ¿qué?
Hoy todo sucedió de golpe, cuando insistí:
Soy yo, la mayor.
Y ella: ¡Tanto yo, tanto yo!
¿y quién te crees que eres yo?

Veinte gramos de resistencia.
Sólo es una golondrina
en el cable del funambulista.

No será preciso ningún disparo:
Es un excedente de la cuadrilla,
el obstáculo interno de las fábricas.

No está hecha de excesos,
como el gran albatros,
ni son superfluas sus alas.
Sólo parece exagerado su impávido mirar.
Sobrantes sus horas extras de equilibrio.

A ratos mira el rastro de los que huyeron
y a veces, escucha en los tapiales
un clamor de loza o huesecillos
que repica en su tambor del pecho.

Con el pasado es fácil perder pie
y ella parece esperar algo
que aún tiene que dar la cara.

De vez en cuando ladea el cuello
y mira como si no llevara nada encima,
como quien ya no se pregunta
por dónde ha llegado a esto.

Sabe que no será preciso ningún disparo:
Bastará un simple dedo del pie dormido,

una trampa más del horizonte por acercarse
y la gota contenida en el lagrimal
será una tonelada. No asomará.

Así te alcanza su canción
de apenas veinte gramos.
Así, en las descargas eléctricas del mutismo,
se moverán los labios de quien ya no ves.

De la importancia de la trilla sabemos poco,
trillar es una monótona tarea
que gusta a los niños.
Pero a los niños les gusta lo que importa.
Trillar lo es.
Consiste en separar el grano de la paja.
Si tienes ocho hijos, siempre habrá alguno contigo.

Parece imposible que este dar y dar más vueltas
lleve a alguna parte. Pero llega.
Justo cuando vas a adormecerte
el carrusel hace su música en la era de allá atrás,
cuando vienen a detener al labrador Juan Ponce,
cuando él echa un ojo a lo que verdaderamente cuenta
y a brazo abierto lo hace ver:
No ahora,
no puedo dejar a la chica sola con la yunta.
Cuando acabe de recoger.

La mano de Juan Ponce no acaba de nacer
viene de la esteva del invierno
y cuando señala el trillo ve el molino
y ve la harina
y ve el horno encendido
y ve en la mesa un kilo de trigo por un kilo de pan.

La mano de Juan Ponce ata cuanto toca
a un antes y a un después.

De la importancia de esa trilla
no hay mucho que contar,
casi todo se quedó sin lengua,
a tres de septiembre del 36.

Hasta hace poco habrías jurado que aquel horror
que llegó en camiones y rompió la soga
no volvería a suceder.

-22:05-
Tienes que saber que no puede venir
lo que ya está aquí, eso
que sin vela de noche ni pan de día
sólo trata de acercarse más.

Ya han mirado de reojo escenas de cacería
y ya saben que, a las malas,
esa armonía etérea de crines
y de trallas, sigue colgada ahí.

Tienes que medir tus palabras
no les vayan a servir donde eso,
con una firma rupestre, será descolgado.

Porque eso será descolgado.

-24:00-
Baja más y más la noche
por el cesto de mimbre
donde maldice Casandra.

Ahora ya todos podrán ver
que la vértebra cervical estaba abierta,
no como en los suicidios,
sino por extrema violencia ajena.

No es nada, ya no es nada
la crueldad que alcanza a los ausentes.

Pero en los huesos de anoche
también hubo preguntas
y ya todo es ahora en tallo verde.

-4:05-
No era andar, sólo dar vueltas
sobrellevando carcoma estoica,
visada por Barbazul para unos metros más,
matasellada por Atila o Torquemada.

Sin aliento, rebaños de recuerdos
a zancadas, donde el tiro al plato
y la caza del zorro van sin animales.

Por donde aquí tampoco o ya fuera de plazo
y otra ronda más al juego de la oca,
para dar al pozo y la hermana rata
te despierta. Y la ceniza y las púas
y la pus y el barro son de la mujer
raptada por un toro, mírala
aguada en los billetes, musitando
entre hilos de holograma
que no era andar. Sólo dar vueltas
sobrellevando el cabo y el fin
y la persona de segunda o cuarta mano:
Pajarito que mira y llama.

-5:30-
La mayoría no lo sabe. O lo calla.
Muchas dicen no haberla escuchado nunca
en su oído. Pero esa palabra es larga
como la vida de las piedras.

Cuando la palabra puta traspasa un tímpano,
pierde su equilibrio un caracol.

Y cuando Torquemada sella el laberinto,
y cuando Atila de Novecento cierra el puño,
a quién irá la pregunta por la abeja y el espliego.

Adónde la miel, pajarito que mira y llama.

-7:30-
En el archivo de Ícaro:
desobediencia a la autoridad,
delito de esperanza
en grado de tentativa.

No constan las pacientes teas
sobre el estudio de las aves, la cera
y las abejas. Ni la brea derretida,
lanzada en gotas por su espalda.
Ni la ardiente orina de los hoolligans.
Ni la bota magnum de los de inteligencia.

Pero no te des de baja,
memoria de pluma descosida:
De Ícaro, matasellado en bruto,
en una sobredosis de islas CIES O FIES,
tampoco su muerte consta.

-9:20-
No pronuncies nube, mira
cómo se deshacen en sus juegos
sin que nada llegue hasta el final.
Cómo hacen sus rondas sin tocar tierra,
en una espera sin fondo que no es de aquí.

No digas valle que a las nubes mira
con embeleso. No digas montañas,
aunque haya quien llame resistir a ese mirar,
para ellas, 7, 9 y hasta 10 años no son nada.

No para las casas que habitamos en las que oímos
música o llaves y no una ley
que a 9,8m/s se acelera.

No preguntes más si yo sabrá hacer el puente.
A las 9.20 calla la savia, sí,
bajo los decretos de noviembre
la savia calla al pie de la ventana
que al 20% crece.

Nada quede mudo bajo los tabiques
y los pómulos molidos.
Pronuncia flor, abeja, lágrima, pan, tormenta.
También *Amaia*. También *Amaia*.

Y mira si yo ha gritado: ¡rómpete noche
o cállate. O árbol que anda recuérdate!

-15.05-
Desde un suelo de estalagmita
hasta el hueco de mi vida imaginada,
el nombre de esta ciudad es desesperanza.

Pero usted sonríe y me aprieta la mano
como diciendo: Pasará el capitalismo.

Y yo veo que no pasa, no, pero
he ahí a mis nietos,
los nuevos cromosomas
para el abrazo que usted predice:
(Ya no veréis la Bolsa de Valores.)

Lo hago, hago ese abrazo
en lo quiero y basta. Dura poco,
pero lo hago y cósmicamente sucede
que ya no me pregunto
si la primavera seguirá al invierno.

Sucede que el perro semihundido de Goya
vuelve a llamarse el que ve dos pájaros.

Sucede el mimbre porque sí,
como en sus verdes tardes de selva, D. Ernesto.

-17.00-
Cada puerta que se nos cierra
despierta el golpe del pleistoceno aquel
donde nos pillamos las manos.
Sólo las manos.

Con ruido de cristales
nos acaban de cortar el paso.
Sólo el paso y las tinieblas.

En hebras sigue el puente.
Sabe que algo bueno va a venir,
sólo porque algo bueno tiene que venir.

Hay un puente
con las yemas machacadas.

En urgencias, llaman a su grito
indicios razonables de esperanza.

19:01-

Señora Sísifa en general querría
la lentitud cabal para elegir
un gesto, un mueble de buena madera,
de esos que no se derrumban,
dos o tres palabras de las que,
si miras bien, no salen tan caras
y perpetuamente se recuerdan.

Pero a estas alturas, yo
ya tiene piedras en los pies
y hasta las que aman el silencio,
la música o los libros
se las tienen que apañar *in itinere*,
cuando hay un hueco en el vagón
y el pudor impide que por los ojos
asome cristal en migas.

Para el regreso, señora Sísifa,
busca las lilas subrayadas
a las que echó un ojo en la subida,
cuando a J. Berger le oyó advertir
que sólo las tenemos desde el siglo XVI.

Para este regreso, señora Sísifa
no quiere más: Las lilas,
su eternidad contable a mano,
leídas de nuevo le han hecho sonreír.

Las lilas.
Y el peñasco capital que tampoco,
tampoco, tampoco
estuvo desde siempre aquí.

-20:00-
Además hay otra, hecha de carne
que se muerde las uñas y las yemas,
la que se arranca los pelos, sí, hay otra,
la que, raspa que te raspa, cristal
tritura y entra en tamo por su ombligo.

La que en máquina de tendón o hueso,
en ojo, en púa, en fiebre, excava
en suma y sigue sin dejar rincón,
por si hubiera un río, por si no fuera
solo la sal que sube y quema, la que raja
y cose la boca y deja en los labios
esquirlas que se comen. Sí, hay otra.

La envuelta en papel cebolla, de aquellos
de las cartas por avión, la del hondísimo
mundo interior que apenas pesa y nada
cuenta y en el país de las autófagas,
donde las excavadoras las lágrimas
se beben, asoma en cuarzo líquido
en polvo, en pluma, en plasma, en nada.
Vamos, bárrela.

-21:45-

Para mi hija, Leticia

Piranesi dibujó cárceles imaginarias,
corredores, escaleras y vastos espacios
de unas prisiones que jamás existieron,
y aún así, decía el programa,
parecen recordarnos algo.

Por eso, hija, abrígate,
en otoño nunca se sabe, mira
cuántas capas llevan las almendras.

Abrígate las costillas, hija,
mira cómo las parten por las carnicerías,
cómo se rompen por los andamios.

No son cáscaras de pipas, mira
cómo las dobla la tristeza,
cómo en añicos los hambrientos,
cómo los encerrados,
cómo se le hicieron migas al abuelo.

Abrígatelas, a los leones les gustan,
a los perros también.
A los 1.650 policías
que mañana nos esperan por la plaza, más.

Abrígate, ellos saben cómo darle cuerda
a las metáforas visionarias. Abrígate.

Y no olvides que lo urgente,
es pintar el alba.

Se nace y se vive, pero ¿quién es se?
Se, estabulado en su nicho, arquea
la espalda bajo el gotear del techo
y hace cuentas con los pies mojados
por el sollozo de una lavadora
con el agua al cuello.

Pero se es quien atasca los desagües
y clava agujas de reloj en las puertas
de las llaves perdidas. Se es solo
quien amasa con los pies un barro
del que nada nace.

Se es quien baja abrazando el cofre
de los hechos consumados, recién
abierto. Se va en tropel, por donde antes,
diez años o media hora antes,
la serpiente desovó.

Pero se no es de humo ni de plumas,
es quien mira con los labios cosidos
y ve, a ráfagas, nieve con piedras
en su yema, nubes en llamarada
o el silencio arrodillado del bosque
que juramos no pisar.

Se es de balde y, en almendra vana,
de baldío existe. Puede llamarse
dios o tau como la proteína,
intrínsecamente desordenada.
Se es cualquiera en la fosa común
mirando de frente al ángel.

Los bichitos prensados son una tilde
en el corazón de las manzanas
que cuesta leer. Se nace, se inscribe
y un bulto en pañales ya no es se.

Hácese de golpe, ¿quién? Los ángeles
se dan con la edad de la razón, juran
decirse. Juran no decir se vive
o se sobrevive. Juran no decir se.

Y una mañana, yo sin nómina,
partida de nacimiento en mano,
dice se como en se alquila trastero,
se remiendan calcetines, se lava,
o se ruega silencio. Lo hacemos
y se oye a Boccaccio registrar:
Falta compañía, velas, lágrimas…

Se es quien precisa enterradores,
basureros, limpiadores de cadáveres…
Más de veinte mil comparten el pan
con la madre. Se es de ceniza y dice:

Se sobrelleva. Se cierra la puerta
y se prepara la cena. No se habla
de ratas en la mesa. No lo hacemos,
pero ¿quién es se, cuando no hay palomas
en el arca y tiembla la pared?

No decir se. Veníamos de manos
de los niños, de recoger piñas
en el parque, de subir a su nido
un pajarito, cuando el abejorro
que a Hécuba aturdiera,
en sombra nos dejó.

Nos confunden las chispas de la rueda
en la que el hámster ya enloqueció.

De vez en cuando, alguien es invitado
al croar del sapo y los madrugadores
del barrio y los remotos luceros
que, a orillas del cantar de los arroyos,
nos hacían señas, cierran de golpe
sus ventanas, al desove del horror.

Todo se ve y espanta, todo -Ángela-
con un miedo macizo entre las cejas,
se pregunta pero, ¿quién es se?

Hay amaneceres en los que se
es aquí. Bajo el canto de las aves
y de la fuente, guardamos silencio
y sonreímos como en Berceo.

Miedo o hambre aún no han nacido
y no es la polilla del manzano
quien unta la mañana de blanco
y da los buenos días para todos.

Todavía serpientes y gusanos
no esconden ningún as bajo la manga,
aún no se oye a nadie preguntar:
¿Seguro que también para nosotros?

No todos los días alcanzan la belleza,
se le oye murmurar a Hölderlin,
pero espalda con espalda entre árboles,
algo que corretea por la médula
nos hace pronunciar que este, sí.

Esta mañana, allí es del todo aquí,
la fruta cuelga en ramas que se alcanzan
de puntillas, de manos de los niños,
y de ella, la que nos mira y sabe
que nunca nunca vamos a enterrar.

El otoño es bueno para echar la tarde
como una manta por las tierras perdidas,
donde, a golpes, van a dar las herramientas
que, al limpiarlas, se nos deshacen. Vamos
de manos de la madre que recuerda
los senderos.

Se dice que vamos a endrinas, moras
o a setas. Se dice que nadie vuelve
con las manos vacías. Esta tarde,
con la espiral de un cuaderno oxidada,
de las que solo se miran y se escuchan
sin tocar.

En silencio y cogidas de la mano
llegamos a casa. Entre la parra
y la higuera, las dos volvemos a oír:
¡Vamos, sin duelo, esos papeles,
quémalos ya!

Se es la torre que se cosió los labios,
el reloj de sol que se dejó caer
los altos números del mediodía. Se
 son las campanas que dudan si tocar
a rebato o ya doblar a duelo,
la raíz del árbol que nos atrapa
o la página entera subrayada.

Muy cerca de las manzanas de antaño,
una espiral de alambre oxidada
merodea entre cenizas, nos saca
de la cama y nos pone de puntillas
a sostener la luna. Se no parpadea.

Puede llamarse Auxilio Lacouture
encerrada en un remoto wáter
con altísima ventana; o Burgos,
Vitoria o cualquier calle de la cadena
de datos que aún no ha estallado. Pero se,
de espaldas, se llama ángel espantado.

Vamos de memoria por el río
como en las estampas, con Anna Livia
Plurabella, lava que te lava,
tan vieja como un olmo, con mármol
en los pies, con la cabeza a mil,
pidiendo a la noche cuentos de piedra
y sin soltar un mísero se vive
o un ¡qué se le va a hacer!

Vamos segando alfalfa, por una tarde
de diez años, con una hoz que rueda
y nos tiñe la mano al rojo. Vemos,
a orillas del Escamandro, a la mujer
hormiga, que ya se sabe anciana,
la que deja en el balde su tarea,
corre cual araña a tirar del hilo,
devuelve a su anular la yema y:
¡Ya verás cómo te agarra!

Subimos y bajamos como el sauce,
que en sombra cae sobre un río,
que en los grandes mapas nunca sale.

Sísifo, a 44 grados,
también rueda y se desmiga, pero hoy
no se le vio en los campos de sandías
socorriendo aves desplomadas
o temporeros abrasados
como Eleazar, el ilegal.

¿Quieres más sandía?, se oyó en la mesa
a la misma hora en que la historia
parecía hundirse y solo se plegaba
como collar enredado en bucle,
donde la roca vuelve a ganar.

Por última vez, ¿quién quiere más sandía,
a dos cincuenta, a tres de agosto,
sin agua ni sombra, después Dios?

Se es quien llora ante el punto rojo
que, de nuevo, parpadea: compruebe
fuente, retire papel atascado,
cartucho de tinta consumido…Y ve
a Otzi afilando trillos, vigilando
estrellas o arroyos, caminando
a zancadas, ¡tan elegante!, con su hacha
de cobre al hombro y sin echar a perder
el cuchillo de remoto sílex! Se
es un agujero en la memoria
que llora y rueda ladera abajo
y, con las manos vacías, se da
de golpe con Otzi estabulado
como un rumiante en la era del litio,
donde qué río no se hace remanso,
nos clava la vista y nos pregunta
qué fue de nuestro pulgar oponible
y si aún empañamos los espejos.

Lo impensable, una y otra vez, sucede.
Los caros caballos de sirga,
en la hora de la siesta, se apiadan
de las mujeres que tiran como ellos
y a mitad de precio. Al caer el sol,
picoteadas por los tábanos,
con la cabeza puesta en buscar llaves,
se abre el laberinto de la vuelta a casa.

Hay quien pasea bordeando el estanque,
ellas leen a zancadas lo grabado,
a punta de navaja, en la corteza
de los robles: *Las bestias fieras andan,*
ponen de rodillas a la calandria
y le hacen pregonar al colibrí
y al ruiseñor que lo bueno del bosque
es que los yernos del Cid no entren.

Se y los tábanos de lo impensable
en un reza que te reza ahogado,
que una y otra vez sucede.

Andar nos deja ver cómo picotean,
en el gran lago del hambre, las gaviotas
y cómo la cotorra silencia
a la abubilla de allá atrás.

Se camina sopesando el miedo
que nos da negar unas monedas,
las dejamos en una mano
y corremos como gacelas, como
si a nuestra espalda, castigos sin nombre
ya estuvieran firmados y caemos
como lágrimas de pedrisco en julio
sobre los trigos, como se derrumba
un pino sobre el hormiguero.

Rodamos por los costales de una vaca,
por moscas y tábanos afligida,
y por las rodajas de otra vaca
en la que sangran alambradas.

Este invierno, salvo poner las lentejas
en agua, todo se echaba a perder,
hemisferio boca abajo, todo
in itinere y a zancadas de garza
gruñidora, Giacometti. Apenas,
a dos pasos de una luna aproximada.

Bajo tierra nos encontramos, pero
esto no es un poema sobre la muerte,
solo sucede entre Orcasitas y Atocha,
tras un frenazo, en el que no se besa
el suelo de milagro.

Íbamos en hora de trabajadores
con tartera, con un Cristo a cuestas
y chapas en la mochila, no todas
fáciles de leer.

Íbamos recordando que en Daumier,
también los de 3ª iban sentados,
cuando alguien echó una seña al vuelo:
¡compañera, siéntese!

In itinere, alumbrados por luciérnagas,
también ella, que *procede del trabajo*,
hizo, César, la seña de tu abrazo
emocionado, ¡qué más da!

Acerca de eso que, de vez en cuando,
picotea como una picaraza
en lo que brilla, puedo, Volodia,
hacerte llegar que el asunto aún
no está zanjado; que la camarada
vida va a la pata coja; que la barca
del porvenir sigue encallada; que nadie
se ha puesto de acuerdo con los puentes
 y que los días venideros sólo
a cuatro, respetables les parecen.

Acerca de todo eso, Volodia,
que a lomos de los siglos, corre y gira
como grúa alzada por mano sierva
que persiste, te pido que nos grites
que algo más antiguo que el dolor
o el miedo, algo como un gusano
de luz, en la alcuza del sueño, aún
puede dejarse ver y hacerse oír.

No siempre para todos la lengua
llega. Hubo quien perdió la cosecha
y quien siguió llorando como el maullido
que no cesa, dentro del canalón.

Hubo quien blasfemó, cuchillo en alto,
hasta quedar mudo, hubo quien perdió
unos años y quien todos los perdió.
Muchos los que pasaron a otra vida
sin testigos, como apretados bultos.
Luego vino la helada y su pica
que te pica como pescan en Alaska
o Canadá. Alguien salió adelante
haciéndose tendero o sacristán
y volvimos al rincón donde copiar
cien veces: se vive o se respira.

Gran parte de la que mira y mira
se echó a perder como puñado de moras
recién cortadas que, por la encía
del río ruedan y se nos van.

Esta mañana una mujer cantaba
como un ángel la historia del ternero
de ojos tristes y de una golondrina.

Esta mañana, sacando la cabeza
del contenedor de basuras,
sin dejar de pisar el pedal,
con una lamparilla en las pupilas,
"tenga cuidado", ha dicho. No: se vive
o se anda o se faena por ahí.
No: ¡Qué se le va a hacer!

Se grita a mares para dar a luz
una persona. Se en las nubes: ángel,
pero se en picado no dice se, no
sin que la lengua sepa a balido y lana.

Esta mañana, por donde cierran
la puerta de salida, una mujer,
tenga cuidado, ha dicho. Y aligeró
hasta llegar al parque y se detuvo,
Arthur, como la liebre en la esparceta.

Esta es la mañana en la que oímos
cantar la historia del ternero
y la golondrina como la canta el grillo
que, entre el haz de leña, puede arder.

De cómo resistir sin ser arena
da cuenta el horizonte minado
más grande del mundo, míralo bien:
Donde los trigos no encañan ni en flor
están los campos, ella, la avecilla
que nos vela, aún nos canta y sueña.
Donde se mide la ceniza de un no
tras otro y los árboles de sombra
no son hacederos, es el bubisher
quien baja la mirada al ballestero.

7:30
En el archivo de Icaro
desobediencia a la autoridad,
delito de esperanza
en grado de tentativa.

No constan las pacientes teas
sobre el estudio de las aves, la cera
y las abejas. Ni la brea derretida
lanzada en gotas por su espalda.
Ni la ardiente orina de los hooligans.
Ni la bota magnun de los de inteligencia.

Pero no te des de baja,
memoria de pluma descosida:
de Ícaro, matasellado en bruto,
en una sobredosis de islas CIES O FIES,
tampoco su muerte consta.

PRIMAVERA NUEVAMENTE

Hora a hora el suelo se está abriendo.
Lo saben la piel del alma y la de un zapato.
Lo saben en las afueras de Madrid y en Barcelona
y aquí, cada labrador lo sabe.

Vamos, vemos que obstinadas hierbas
y nervios diminutos,
entre un corazón de roca, abren su senda.

Hora a hora, un insignificante tallo
se atreve cada marzo
a mirar de abajo arriba,
atraviesa el granito o el asfalto,
sortea la metralla, el peso del tractor
y el de las terribles miradas...

Simplemente asoma,
y en el aire deja su denuncia y su convocatoria.

Vamos, vemos que sucede a cada hora.
Sólo es el imperio quien desprecia cuanto ignora.

Índice

ANTOLOGÍA DE LOS TIEMPOS SOMBRÍOS
de María Ángeles Maeso
-7/10 de la Colección Capitanas 2-
se terminó de editar y maquetar
por Nautilus Ediciones
en Zaragoza, España,
en mayo de 2024.